उत्तराखंड की विभूतियाँ

राजकिशोर

प्रभात
प्रकाशन

प्रकाशक • **प्रभात प्रकाशन प्रा. लि.**
4/19 आसफ अली रोड,
नई दिल्ली–110002

संस्करण • प्रथम, 2023
मूल्य • एक सौ पच्चीस रुपए
मुद्रक • आर–टेक ऑफसेट प्रिंटर्स, दिल्ली

UTTRAKHAND KI VIBHOOTIYAN

by Shri Raj Kishore ₹ 125.00
Published by Prabhat Prakashan Pvt. Ltd., 4/19 Asaf Ali Road, New Delhi-2
e-mail: prabhatbooks@gmail.com ISBN 978-93-95386-85-2

अनुक्रम

1. देव सुमन 5
2. चंद्र सिंह गढ़वाली 6
3. अनुसूया प्रसाद बहुगुणा 9
4. माधो सिंह भंडारी 12
5. भारतरत्न पं. गोविंद बल्लभ पंत 14
6. सुमित्रानंदन पंत 15
7. सुंदरलाल बहुगुणा 17
8. हेमवती नंदन बहुगुणा 19
9. प्रसून जोशी 21
10. नंदकिशोर नौटियाल 23
11. अभिनव बिंद्रा 25
12. डॉ. मुरली मनोहर जोशी 26
13. नारायण दत्त तिवारी 27
14. भुवन चंद्र खंडूरी 28
15. रमेश पोखरियाल 29
16. महेंद्र सिंह धोनी 31

17. वीरेन डंगवाल 33
18. डॉ. गंगाप्रसाद विमल 34
19. रस्किन बॉण्ड 36
20. डॉ. खड्ग सिंह वल्दिया 37
21. सुधीर पांडे 39
22. धर्मेश तिवारी 41
23. टॉम आल्टर 42
24. हिमांशु जोशी 43
25. गोपाल बाबू गोस्वामी 45
26. जसपाल राणा 47
27. बछेंद्री पाल 49
28. देविका चौहान 50
29. शिवानी 51
30. टिंचरी माई उर्फ इच्छागिरि माई 53
31. कलावती रावत 56
32. संग्रामी देवी राणा 57
33. डॉ. हर्षवंती बिष्ट 58
34. चंद्रप्रभा एतवाल 59
35. उनीता सच्चिदानंदन 60
36. पूर्णिमा पांडे 61
37. रीना सजवाण 62
38. सुषमा राणा 63

देव सुमन

देव सुमन का जन्म 15 मई, 1915 को टिहरी के पट्टी बमुंड, जौल्ली गाँव में हुआ था, जो ऋषिकेश से कुछ दूरी पर स्थित है। उनके पिता हरि दत्त बडोनी इलाके के प्रख्यात वैद्य थे। सुमन का असली नाम श्रीदत्त बडोनी था। बाद में सुमन के नाम से विख्यात हुए। प्रख्यात गांधीवादी देव ने हमेशा सत्याग्रह के सिद्धांतों पर चलकर आजादी की लड़ाई में बढ़-चढ़कर भाग लिया। सुंदरलाल बहुगुणा उनके साथी रहे हैं, जो स्वयं भी गांधीवादी हैं।

देव सुमन को 30 दिसंबर, 1943 को स्थानीय राजा ने विद्रोही मानकर गिरफ्तार करवा लिया और जेल में डाल दिया। जेल में सुमन को भारी बेड़ियाँ पहनाई गईं और कंकड़ मिली दाल व रेत मिले आटे की रोटियाँ दी गईं। सुमन ने 3 मई, 1944 से आमरण अनशन शुरू कर दिया। जेल में उन्हें कई अमानवीय यातनाओं से गुजरना पड़ा और आखिरकार 209 दिनों की कैद तथा 84 दिनों तक अनशन पर रहते हुए 25 जुलाई, 1944 को उन्होंने दम तोड़ दिया। उनका अंतिम संस्कार न करके पार्थिव देह को भागीरथी नदी में बहा दिया गया। आज न राजा का महल रहा, न राजसिंहासन, पर देव सुमन का बलिदान लोगों को हमेशा याद रहेगा। □

चंद्र सिंह गढ़वाली

11 सितंबर, 1914 को गढ़वाल राइफल्स में सिपाही के रूप में भर्ती चंद्र सिंह गढ़वाली का जन्म 25 दिसंबर, 1891 को हुआ। उन्होंने प्रथम विश्वयुद्ध के दौरान अगस्त 1915 में मित्र राष्ट्रों की ओर से अपने सैनिक साथियों के साथ यूरोप और मध्य पूर्वी क्षेत्र में हिस्सेदारी की। अक्तूबर में स्वदेश लौटे और 1917 में अंग्रेजों की ओर से मेसोपोटामिया के युद्ध में भाग लिया। 1921-23 तक पश्चिमोत्तर प्रांत में रहे, जहाँ अंग्रेजों और पठानों में युद्ध हो गया था। 1920 के बाद चंद्र सिंह देश में घटित राजनीतिक घटनाओं में रुचि लेने लगे। 1929 में गांधीजी के बागेश्वर आगमन पर उनकी मुलाकात गांधीजी से हुई और गांधीजी के हाथ से टोपी लेकर उन्होंने जीवन भर उसकी कीमत चुकाने का प्रण कर लिया।

1930 में उनकी बटालियन को पेशावर जाने का हुक्म हुआ। 23 अप्रैल, 1930 को पेशावर में किस्साखानी बाजार में खान अब्दुल गफ्फार खान के लालकुर्ती खुदाई खिदमतगारों की एक आम सभा हो रही थी। अंग्रेज आजादी के इन दीवानों को तितर-बितर करना चाहते थे, जो बल प्रयोग से ही संभव था। कैप्टन

रैकेट 72 गढ़वाली सिपाहियों को लेकर जलसेवाली जगह पहुँचा और निहत्थे पठानों पर गोली चलाने का हुक्म दिया। चंद्र सिंह गढ़वाली कैप्टेन रिकेट के बगल में खड़े थे, उन्होंने तुरंत सीज फायर का आदेश दिया और सैनिकों ने अपनी बंदूकें नीची कर लीं। चंद्र सिंह ने कैप्टन रिकेट से कहा कि 'हम निहत्थों पर गोली नहीं चलाते।' इसके बाद गोरे सिपाहियों से गोली चलवाई गई। चंद्र सिंह और गढ़वाली सिपाहियों का यह मानवतावादी साहस अंग्रेजी हुकूमत की खुली अवहेलना और राजद्रोह था। उनकी पूरी पल्टन ऐबटाबाद (पेशावर) में नजरबंद कर दी गई, उन पर राजद्रोह का अभियोग चलाया गया। हवलदार चंद्र सिंह गढ़वाली को मृत्युदंड की जगह आजीवन कारावास की सजा दी गई। उन्हें तत्काल ऐबटाबाद जेल भेज दिया गया। 26 सितंबर, 1941 को 11 साल, 3 महीन और 18 दिन जेल में बिताने के बाद वे रिहा हुए। वे अनेक जेलों में बंद रहे और अनेक यातनाएँ झेलीं। लखनऊ जेल में नेताजी सुभाष चंद्र बोस से उनकी भेंट हुई।

जेल से रिहा होने के बाद कुछ समय तक वे आनंद भवन, इलाहाबाद और वर्धा आश्रम में रहे। 'भारत छोड़ो आंदोलन' में उत्साही नवयुवकों ने इलाहाबाद में उन्हें अपना कमांडर-इन-चीफ नियुक्त किया। इसी दौरान उन्हें फिर से गिरफ्तार कर लिया गया। 6 अक्तूबर, 1942 को उन्हें सात साल की सजा हुई। 1945 में ही उन्हें जेल से छोड़ दिया गया, लेकिन गढ़वाल प्रवेश पर प्रतिबंध लगा दिया गया।

जेल प्रवास के दौरान वे आर्य-समाजी हो गए। इस बीच उन्होंने क्रांतिकारी कम्युनिस्ट विचारों को अपनाया और 1944 में कम्युनिस्ट कार्यकर्ता के रूप में सामने आए। टिहरी रियासत की

जनक्रांति में भी उनकी सक्रिय भूमिका रही। कम्युनिस्ट विचारधारा का व्यक्ति होने के कारण स्वाधीनता के बाद भी भारत सरकार उनसे शंकित रहती थी। सामाजिक बुराइयों के उन्मूलन के लिए वे सदैव संघर्षरत रहे। 1 अक्तूबर, 1979 को चंद्र सिंह गढ़वाली का निधन हो गया।

□

अनुसूया प्रसाद बहुगुणा

अंग्रेजी दासता का वक्त था। पूरे देश पर अंग्रेजों का राज था। देश के उत्तर में जहाँ हिमालय दूर-दूर तक फैला है, अंग्रेज अपनी मनमानी कर रहे थे। तत्कालीन यूनाइटेड प्रोविंस का सबसे उत्तरी छोर, जो अब उत्तराखंड कहलाता है, कुली बेगार से तड़प रहा था। अंग्रेज अधिकारी अपने निजी काम कराने के लिए स्थानीय लोगों का उपयोग करते थे। माल को इधर-उधर पहुँचाने के लिए जानवरों की जगह इनसानों का प्रयोग। कुली की तरह इनसानों का उपयोग। अंग्रेज अधिकारी जिस किसी से चाहे कुली बेगार करवा सकता था और जो मना करता, उसे भारी जुरमाने के साथ-साथ जेल की सजा हो जाती।

इस दमनकारी नीति के खिलाफ 1919 में पूरे उत्तराखंड क्षेत्र में जन-आंदोलन चला। तत्कालीन ब्रिटिश गढ़वाल (अब पौढ़ी, चमोली, रुद्रप्रयाग) में इस आंदोलन की बागडोर नंदप्रयाग के अनुसूया प्रसाद बहुगुणा के हाथ में थी। अनुसूया प्रसाद बहुगुणा का जन्म 18 फरवरी, 1864 को चमोली के अनुसूया आश्रम में हुआ। अनुसूया प्रसाद की शुरुआती शिक्षा गाँव में ही हुई। पौड़ी के मिशन स्कूल से हाई स्कूल किया। इसी दौरान स्वतंत्रता आंदोलन

की ओर रुझान होने पर युवक संघ की स्थापना की। इलाहाबाद विश्वविद्यालय से 1912 में बी.एस-सी. और 1916 में एल-एल. बी. की पढ़ाई पूरी की। एल-एल.बी. की पढ़ाई के दौरान ही उनकी नियुक्ति नायब तहसीलदार के तौर पर हो गई। लेकिन आजादी का जज्बा मन में पैदा हो चुका था, इसलिए अंग्रेजों की नौकरी को ठोकर मार अनुसूया प्रसाद वकालत करने लगे। शुरुआत में भारतीय होने की वजह से उनके साथ भेदभाव किया गया, पर बुद्धि के धनी अनुसूया प्रसाद ने जल्दी ही सबको दिखा दिया कि वे मामूली आदमी नहीं हैं।

1919 में अनुसूया प्रसाद ने लाहौर में कांग्रेस के सम्मेलन में भाग लिया। वहाँ से लौटकर अब वे पूरी तरह से आजादी के आंदोलन में लग गए। 1919-20 में जब कुली बेगार प्रथा के खिलाफ पूरे उत्तराखंड में आंदोलन चला तो ब्रिटिश गढ़वाल में उसकी बागडोर अनुसूया प्रसाद ने सँभाली। गाँव-गाँव घूमकर लोगों को कुली बेगार के खिलाफ खड़ा किया।

अनुसूया प्रसाद की कोशिशों का नतीजा निकला, 1921 में अंग्रेज कमिश्नर रैमजे जब चमोली के दशजूला पट्टी पहुँचा, तो उसका खाना बनाने, सामान उठाने और दूसरे कामों के लिए कोई भी बेगार करने को तैयार नहीं हुआ। हारकर रैमजे ने अनुसूया प्रसाद को बातचीत के लिए बुलाया, लेकिन अनुसूया प्रसाद कुली बेगार खत्म किए बगैर बातचीत के लिए तैयार नहीं हुए। अनुसूया प्रसाद के इस साहसिक कदम के बाद जनता ने उन्हें 'गढ़केसरी' कहना शुरू कर दिया।

अनुसूया प्रसाद ने 1916 से 1924 के बीच बदरीनाथ और केदारनाथ मंदिरों मे बढ़ रहे भ्रष्टाचार के खिलाफ आवाज उठाई,

जिसके बाद प्रशासन को बदरीनाथ प्रबंध कानून बनाना पड़ा और कानून के तहत 'बदरीनाथ मंदिर प्रबंध समिति' का गठन किया गया।

सत्याग्रह आंदोलन में हिस्सा लेने की वजह से अनुसूया प्रसाद को 1930 में जेल जाना पड़ा। इसके बावजूद उन्हें अंग्रेज रोक नहीं सके। 1940 में सत्याग्रह आंदोलन हुआ, तो अनुसूया प्रसाद को एक साल के लिए बरेली जेल में रहना पड़ा। 1942 में भारत छोड़ो आंदोलन के दौरान उन्हें उनके घर में ही नजरबंद कर दिया गया।

आजादी का सपना देखनेवाला यह परवाना देश को आजाद होता हुआ नहीं देख पाया। 23 मार्च, 1943 को अनुसूया प्रसाद बहुगुणा ने इस जहान से विदा ली।

□

माधो सिंह भंडारी

देवप्रयाग से लगभग 30 किलोमीटर की दूरी पर स्थित है मलेथा गाँव। अलकनंदा नदी के दाहिने तट पर बसा यह गाँव अपनी सुरम्यता, सौंदर्य से परिपूर्ण है। इसी मलेथा गाँव में 16वीं-17वीं शताब्दी में कालो भंडारी के यहाँ माधो सिंह भंडारी का जन्म हुआ। तमाम बच्चों की तरह माधो का बचपन भी खेलने, खेतों में घूमने में बीता। जवान हुआ तो उसने अलकनंदा नदी के तट पर बसे सूखे मलेथा गाँव को देखा, जो पानी के सामने होते हुए भी सूखा था। जवान होकर माधो सिंह गढ़वाल के राजा की सेना में भरती हो गए। माधो की वीरता से खुश होकर राजा ने जल्दी ही उसे सेनापति बनाकर तिब्बत भेज दिया। तिब्बत में माधो ने अपना परचम लहराया और गढ़वाल राज्य को चारों ओर फैलाया।

कई दिनों बाद माधो घर वापस लौटा तो अपने सूखे गाँव के लिए कुछ करने की सोची। मलेथा गाँव के दाहिनी तरफ अलकनंदा बहती है। माधो ने उस धारा का पानी मलेथा के खेतों में लेने की युक्ति सोची। एक पहाड़ बीच की रुकावट बन रहा था तो माधो ने लगभग 90 मीटर लंबी व 5 फीट चौड़ी सुरंग बनाकर एक नहर

बना दी, जो लगभग 3 किलोमीटर है। नहर का निर्माण पूरा होने के बाद पानी मलेथा के खेतों में खोला गया, पर पानी नहीं आया, तब कुछ लोगों ने कहा कि यह नहर बलि माँग रही है। माधो का इकलौता बेटा उसकी नजर में आया और उसने नहर के मुहाने पर उसकी बलि दे दी। आज से 500 साल पहले शिक्षा एवं तकनीकी ज्ञान का अभाव था। ऐसे समय में माधो सिंह भंडारी ने अपनी उत्कृष्ट तकनीकी के साथ इस सुरंग का निर्माण कर इतिहास में त्याग, तपस्या और बलिदान की सच्ची मिसाल कायम की। मलेथा के खेतों में आज सरसों के पीले फूलों की बहार रहती है, जहाँ आज बासमती चावल उगता है।

□

भारतरत्न पं. गोविंद बल्लभ पंत

गोविंद बल्लभ पंत का जन्म उत्तराखंड राज्य के अल्मोड़ा जिले के खोट (धामस) नामक गाँव में 10 सितंबर , 1887 को हुआ। वे प्रसिद्ध स्वतंत्रता सेनानी और उत्तर प्रदेश के प्रथम मुख्यमंत्री थे। वे 15 अगस्त, 1947 से 27 मई, 1964 तक उत्तर प्रदेश के मुख्यमंत्री रहे। सरदार वल्लभभाई पटेल के निधन के बाद वे भारत के गृहमंत्री बने। हिंदी को राष्ट्रभाषा का दर्जा दिलाने और जमींदारी प्रथा को खत्म कराने में उनका महत्त्वपूर्ण योगदान था। 'भारत रत्न' का सम्मान उनके ही गृहमंत्रित्व काल में आरंभ किया गया।

उन्होंने इलाहाबाद से वकालत की और सन् 1909 में इलाहाबाद हाईकोर्ट में एडवोकेट बने, फिर नैनीताल में वकालत प्रारंभ की। सन् 1927 में वे उत्तर प्रदेश कांग्रेस कमेटी के अध्यक्ष रहे। आजादी की लड़ाई में लगभग 7 वर्ष जेलों में रहे। 7 मार्च, 1961 को उनका देहावसान हो गया।

□

सुमित्रानंदन पंत

हिंदी साहित्य में सुमित्रानंदन पंत छायावाद के प्रमुख स्तंभ तथा प्रकृति के सुकुमार कवि के रूप में प्रसिद्ध हैं। सुमित्रानंदन पंत का जन्म 20 मई, 1900 को अल्मोड़ा के निकट कौसानी में हुआ। पंतजी की शिक्षा अल्मोड़ा, वाराणसी और इलाहाबाद में हुई। बचपन से ही सुमित्रानंदन काव्य-रचना करने लगे थे। उनका मूल नाम गुसाई दत्त था। उन्हें अपना नाम पसंद नहीं था, इसलिए उन्होंने अपना नाम रख लिया—सुमित्रानंदन पंत।

सन् 1950 से सात वर्ष तक सुमित्रानंदन ऑल इंडिया रेडियो से जुड़े रहे। वे हिंदी में छायावाद युग के चार प्रमुख स्तंभों में से एक हैं। उनकी कुछ प्रमुख काव्य-कृतियाँ हैं—लोकायतन, चिदंबरा, सत्यकाम, स्वर्ण-किरण, स्वर्णधूलि, ग्रंथि, गुंजन, ग्राम्या, युगांत, कला और बूढ़ा चाँद आदि। उनके जीवनकाल में उनकी 28 पुस्तकें प्रकाशित हुईं, जिनमें कविताएँ, पद्य-नाटक और निबंध शामिल हैं।

श्री पंत को उनकी विलक्षण उपलब्धियों के लिए पद्म भूषण सम्मान (1961) मिला। 'कला और बूढ़ा चाँद' पर उनको साहित्य

अकादमी पुरस्कार, 'लोकायतन' पर सोवियत भूमि नेहरू पुरस्कार तथा 'चिदंबरा' पर 'भारतीय ज्ञानपीठ पुरस्कार' (1968) प्राप्त हुआ। 28 दिसंबर, 1977 को श्री पंत का निधन हो गया।

□

सुंदरलाल बहुगुणा

चिपको आंदोलन के प्रवर्तक सुंदरलाल बहुगुणा का जन्म 9 जनवरी, 1927 को देवों की भूमि उत्तराखंड के मरोड़ा, जिला-टिहरी गढ़वाल में हुआ। उनकी आरंभिक शिक्षा प्राइमरी पाठशाला, गोरण, श्री कीर्ति पाठशाला, उत्तरकाशी, प्रताप इंटर कॉलेज, टिहरी में हुई। बाद में वे लाहौर चले गए और वहीं सनातन धर्म कॉलेज से बी.ए. किया।

तेरह वर्ष की आयु में स्वतंत्रता आंदोलन के सिपाही बने। सत्रह वर्ष की आयु में गिरफ्तार। पाँच महीने बाद मरणासन्न अवस्था में नरेंद्रनगर पुलिस हवालात से रिहा। 1956 में सरला बहन की शिष्या विमला नौटियाल के साथ विवाह और दलगत राजनीति को छोड़कर सिल्यारा गाँव में 'पर्वतीय नवजीवन मंडल' की स्थापना। सन् 1949 में मीराबेन व ठक्कर बापा के संपर्क में आने के बाद वे दलित वर्ग के विद्यार्थियों के उत्थान के लिए प्रयासरत हो गए तथा उनके लिए टिहरी में ठक्कर बापा होस्टल की स्थापना की। दलितों को मंदिर प्रवेश का अधिकार दिलाने के लिए उन्होंने आंदोलन छेड़ दिया।

सन् 1971 में शराब की दुकानों को खोलने से रोकने के लिए सुंदरलाल बहुगुणा ने सोलह दिन तक अनशन किया। चिपको

आंदोलन के कारण वे विश्व भर में 'वृक्षमित्र' के नाम से प्रसिद्ध हो गए। बहुगुणा के चिपको आंदोलन का घोष वाक्य है—

क्या हैं जंगल के उपकार, मिट्टी, पानी और बयार।
मिट्टी, पानी और बयार, जिंदा रहने के आधार॥

सुंदरलाल बहुगुणा के अनुसार पेड़ों को काटने की अपेक्षा उन्हें लगाना अति महत्त्वपूर्ण है। बहुगुणा के कार्यों से प्रभावित होकर अमेरिका की 'फ्रेंड ऑफ नेचर' नामक संस्था ने 1980 में उनको पुरस्कृत किया। इसके अलावा उन्हें 1981 में स्टॉकहोम का वैकल्पिक नोबल पुरस्कार मिला। उत्तराखंड के पर्वतीय जिलों में 1000 मीटर से ऊपर के क्षेत्रों में हरे पेड़ों की व्यापारिक कटाई पर पाबंदी लगी, जो हिमाचल प्रदेश और उत्तराखंड में अब भी कायम है। 1981-83 में पारिस्थितिकी चेतना के लिए कश्मीर में कोहिमा तक की 4,870 किलोमीटर की पैदल यात्रा की। सन् 1981 में पद्मश्री पुरस्कार यह कहकर अस्वीकार कर दिया कि जब तक पेड़ों की कटाई जारी है, मैं अपने को इस सम्मान के योग्य नहीं समझता। 1984 में दशरथ मल्ल सिंघवी राष्ट्रीय एकता पुरस्कार, 1985 में वृक्षमित्र सम्मान, 1985 में जमनालाल बजाज पुरस्कार, 1987 में चिपको आंदोलन के लिए राइट लाइवलीहुड पुरस्कार, 1987 में शेर-ए-कश्मीर पुरस्कार। 1987 में सरस्वती सम्मान, 1998 में पहल सम्मान। 1999 में दीवाली बहन मेहता पुरस्कार, 1999 में गांधी सेवा सम्मान, 2000 में सांसदों के फोरम द्वारा सत्यपाल मित्तल अवार्ड। 2001 में पर्यावरण रक्षा के लिए यशवंत राव चह्वाण स्मृति सम्मान पुरस्कार से सम्मानित किया गया। बहुगुणा आज 'पर्यावरण गांधी' के नाम से जाने जाते हैं।

□

हेमवती नंदन बहुगुणा

हिमालय पुत्र हेमवती नंदन बहुगुणा आधुनिक भारत की राजनीति की बड़ी शख्सियतों में से एक थे। राष्ट्रीय आंदोलन में उनका अभूतपूर्व योगदान रहा, विशेषकर भारत छोड़ो आंदोलन में उनके साहस की गाथा आज भी गाई जाती है। श्री बहुगुणा का जन्म पौड़ी गढ़वाल के छोटे से गाँव बुघाणी में 25 अप्रैल, 1919 को हुआ। उनकी शुरुआती पढ़ाई श्रीनगर, देहरादून में हुई। इसके बाद वे इलाहाबाद चले गए। 1942 में बहुगुणा इलाहाबाद विश्वविद्यालय में अध्ययनरत थे। उनका मन पढ़ाई से अधिक क्रांतिकारी साहित्य में रमता था। इनकलाबियों के संपर्क में तो वे पहले से आ ही गए थे और साहित्य के प्रचार-प्रसार में बहुत आगे रहते थे। विश्वविद्यालय में कांग्रेस का झंडा फहराने तथा अन्य क्रांतिकारी गतिविधियों के कारण ब्रिटिश हुकूमत ने उन पर 10,000 रुपए इनाम रखा तो वे भूमिगत हो गए। उनके संपर्क गढ़वाल के क्रांतिकारियों से थे और वे नौजवानों का मार्गदर्शन करते रहते थे। 1943 में वे जामा मसजिद (दिल्ली) के पास गिरफ्तार किए गए।

उत्तराखंड में आम लोग हेमवती नंदन बहुगुणा को इस माटी

का चंदन मानते हैं, जिन्होंने अपनी सूझ और राजनीतिक क्षमता से न केवल उत्तराखंड को एक नई पहचान दी थी, बल्कि अखंड उत्तर प्रदेश के मुख्यमंत्री और केंद्र सरकार में भी कई बार मंत्री पद को सुशोभित किया। 17 मार्च, 1989 को उनका निधन हो गया।

□

प्रसून जोशी

प्रसून जोशी का जन्म 16 सितंबर, 1968 को अल्मोड़ा में हुआ। प्रसून की प्राथमिक एवं माध्यमिक शिक्षा गोपेश्वर एवं नरेंद्र नगर में हुई। प्रसून जोशी आज फिल्म जगत् में एक ऐसे गीतकार के रूप में जाने जाते हैं, जिसके गीतों की काव्यात्मकता मन को सहज ही छू लेती है। पर गीतकार के अलावा प्रसून ने विज्ञापन उद्योग में भी खासा नाम कमाया है। पिछले दो दशकों में उन्होंने बड़ी-बड़ी कंपनियों के उत्पादों को अपने प्रचार अभियानों से जन-जन तक पहुँचाया है। अब उनके द्वारा तैयार यह पंच लाइन 'ठंडा मतलब कोकाकोला' एवं 'बार्बर शॉप-ए जा बाल कटा ला' तो आप सबको याद ही होगी। पर यह भी एक दिलचस्प तथ्य है कि उत्तराखंड की माटी से निकली इस प्रतिभा ने विज्ञापन जगत् और फिल्म उद्योग में कदम रखने के पहले मात्र सत्रह साल की उम्र में ही कविता लिखना शुरू कर दिया था। प्रसून कहते हैं कि आज भी उनका 90 प्रतिशत समय कार्यालय में और दस प्रतिशत काव्य और गीत लेखन में बीतता है। पर इन दोनों क्षेत्रों में कुछ अच्छा करने से उन्हें बराबर का संतोष मिलता है।

अपने काव्य-लेखन के बारे में हाल ही में दिए एक साक्षात्कार में प्रसून ने कहा कि वे एक बार में अपनी कविता पूर्ण नहीं कर

लेते। उसमें तब तक वे सुधार करते रहते हैं, जब तक उन्हें लगता है कि वह पूरी तरह उनके विचारों को अभिव्यक्त करने में समर्थ नहीं हो पाई है।

राष्ट्रीय तथा अंतरराष्ट्रीय विज्ञापनों में पुरस्कार। शुभा मुद्गल तथा 'सिल्क रूट' के ऊपर चार सुपर हिट एलबम्स में धुन रचना के लिए पुरस्कार। फिल्म 'लज्जा', 'आँखें', 'क्यों' में संगीत दिया। कई पुस्तकें प्रकाशित।

□

नंदकिशोर नौटियाल

नंदकिशोर नौटियाल का जन्म 15 जून, 1931 को मसानगाँव, सितोनस्यूं, जिला पौड़ी गढ़वाल में पं. ठाकुर प्रसाद नौटियाल के घर हुआ। उनकी शिक्षा-दीक्षा गाँव और दिल्ली में हुई। देश-दुनिया के प्रति जागरूक नौटियालजी छात्र जीवन के दिनों में ही स्वतंत्रता आंदोलन में कूद पड़े। पत्रकारिता के क्षेत्र में उनकी जीवन-यात्रा 1948 से शुरू हुई।

'नवभारत साप्ताहिक' (मुंबई), 'दैनिक लोकमान्य' (मुंबई) और 'लोकमत' (नागपुर) में 1948 से 1951 तक कार्य किया। 1951 में दिल्ली प्रेस समूह की 'सरिता' पत्रिका से जुड़े। दिल्ली में 'मजदूर जनता', 'हिमालय टाइम्स', 'नई कहानियाँ' और 'हिंदी टाइम्स' के लिए कई साल कार्य किया।

उन्होंने कई मजदूर संगठन बनाए और पत्रकार यूनियनों में सक्रिय रहे। गोवा मुक्ति संग्राम में भाग लिया। पृथक् उत्तराखंड आंदोलन से जुड़े। साप्ताहिक 'हिंदी ब्लिट्ज' के संपादक रहे। उनके संपादन काल में हिंदी ब्लिट्ज ने नई ऊँचाइयों को छुआ। 1993 में उन्होंने 'नूतन सवेरा' साप्ताहिक का प्रकाशन शुरू किया।

वे उत्तराखंड सरकार में श्री बदरीनाथ-केदारनाथ मंदिर समिति

ट्रस्ट के अध्यक्ष रह चुके हैं। साहित्यिक और पत्रकारिता प्रतिनिधि मंडलों के सदस्य के तौर पर नौटियालजी अमेरिका, कनाडा, उत्तर कोरिया, लीबिया, इटली, रूस, फिनलैंड, नेपाल, सूरीनाम आदि देशों की यात्रा कर चुके हैं। उन्होंने विश्व हिंदी सम्मेलनों में भी भारत का प्रतिनिधित्व किया है। नौटियालजी को हिंदी साहित्य सम्मेलन का साहित्य वाचस्पति सम्मान, आचार्य तुलसी सम्मान, उत्तर प्रदेश हिंदी संस्थान का पत्रकार भूषण सम्मान, लोहिया मधुलिमये सम्मान समेत रोटरी, लायंस आदि अनेक राष्ट्रीय स्तर के सम्मान प्राप्त हुए हैं।

□

अभिनव बिंद्रा

अभिनव बिंद्रा का जन्म 28 सितंबर, 1982 को देहरादून में हुआ। उनका पैतृक निवास मोखमपुर, जिला देहरादून है। उनकी शिक्षा देहरादून और चंडीगढ़ में हुई। बिंद्रा ने 15 साल की उम्र से निशानेबाजी करना प्रारंभ किया था। सन् 2000 में अभिनव सिडनी ओलंपिक के सबसे युवा निशानेबाज बने, लेकिन अनुभव के लिहाज से यह उनका पहला ओलंपिक था। सन् 2001 के म्यूनिख कप में उन्होंने कांस्य पदक जीता। इसी साल मैनचेस्टर में वे 10 मीटर एयर राइफल का स्वर्ण पदक जीतने में कामयाब रहे। सन् 2004 में एथेंस ओलंपिक में अभिनव ने रिकॉर्ड तो कायम किया, लेकिन पदक जीतने से चूक गए। 11 अगस्त, 2008 के बीजिंग ओलंपिक में बिंद्रा का निशाना सीधे सोने के पदक पर लगा और वे ओलंपिक में व्यक्तिगत स्वर्ण पदक जीतनेवाले पहले भारतीय खिलाड़ी बन गए।

□

डॉ. मुरली मनोहर जोशी

डॉ. मुरली मनोहर जोशी भारतीय जनता पार्टी के प्रमुख नेता हैं। राष्ट्रीय जनतांत्रिक गठबंधन के शासनकाल में वे भारत के मानव संसाधन विकास मंत्री थे। मुरली मनोहर जोशीजी का जन्म 5 जनवरी, 1934 को दिल्ली में हुआ। उनका पैतृक निवास वर्तमान उत्तराखंड के कुमाऊँ क्षेत्र में है। उन्होंने इलाहाबाद विश्वविद्यालय से एम.एस-सी. की, तदनंतर यहीं से अपनी डॉक्टरेट की उपाधि भी अर्जित की। उनका शोधपत्र स्पेक्ट्रोस्कोपी पर था। अपना शोधपत्र हिंदी भाषा में प्रस्तुत करनेवाले वे प्रथम शोधार्थी हैं। बाद में वे राष्ट्रीय राजनीति में आ गए। आज वे भारतीय राजनीति के वरिष्ठ नेता और भारतीय जनता पार्टी के सांसद हैं।

□

नारायण दत्त तिवारी

पं. नारायण दत्त तिवारी का जन्म 18 अक्तूबर, 1925 को नैनीताल के समीप पद्‍मपुरी ग्राम में हुआ। बाल्यकाल से उन पर माँ सरस्वती का वरदहस्त था। प्रारंभिक शिक्षा के उपरांत उन्होंने उच्च शिक्षा इलाहाबाद विश्वविद्यालय में प्राप्त की। राजनीति का अंकुर यहीं से उनमें प्रस्फुटित हुआ और वे इलाहाबाद विश्वविद्यालय में छात्र संघ के अध्यक्ष चुने गए। छात्र-जीवन में ही वे स्वाधीनता आंदोलन में कूद पड़े। उन्हें जेल-यातनाएँ भी सहन करनी पड़ीं।

शिक्षा-दीक्षा के बाद वे राजनीति में आ गए। उन्होंने केंद्र में वित्तमंत्री, विदेश मंत्री, योजना मंत्री, वाणिज्य मंत्री आदि शीर्षस्थ पदों को सुशोभित किया। 1976 से 77 तक, 1984 से 1985 तक और 1988 से 1989 तक वे उत्तर प्रदेश के मुख्यमंत्री रहे। 2002 से 2007 तक श्री तिवारी उत्तराखंड के भी मुख्यमंत्री रहे। 22 अगस्त, 2007 से 26 दिसंबर, 2009 तक वे आंध्र प्रदेश के राज्यपाल रहे।

□

भुवन चंद्र खंडूरी

उत्तराखंड के चौथे मुख्यमंत्री मेजर जनरल (से.नि.) भुवन चंद्र खंडूरी का जन्म 1 अक्तूबर, 1934 को देहरादून में हुआ। उनकी शिक्षा इलाहाबाद, पुणे, दिल्ली और सिकंदराबाद में हुई। वे सन् 1954 से 1990 तक भारतीय सेना की कोर ऑफ इंजीनियर्स में सेवारत रहे। वर्ष 1982 में उन्हें राष्ट्रपति द्वारा अति विशिष्ट सेवा मेडल प्रदान किया गया।

सेना की नौकरी के बाद वे राजनीति में सक्रिय हुए और 1991 तथा बाद के चुनावों में उत्तराखंड के गढ़वाल क्षेत्र से भारतीय जनता पार्टी के सदस्य के रूप में लोकसभा के लिए निर्वाचित हुए। श्री वाजपेयी की सरकार में वे केंद्र में सड़क, परिवहन एवं राजमार्ग मामलों के राज्यमंत्री (स्वतंत्र प्रभार) रहे। 2003 में कैबिनेट मंत्री बने। 8 मार्च, 2007 से 27 जून, 2009 तक वे उत्तराखंड के मुख्यमंत्री रहे। श्री खंडूरी भारतीय जनता पार्टी के वरिष्ठ नेता हैं और उत्तराखंड विधानसभा की धूमाकोट सीट का प्रतिनिधित्व करते हैं।

□

रमेश पोखरियाल

रमेश पोखरियाल 'निशंक' 27 जून, 2009 को उत्तराखंड के पाँचवें मुख्यमंत्री बने। भाजपा शासित प्रदेशों में 'निशंक' सबसे युवा मुख्यमंत्री रहे। उनका जन्मदिन पूरा देश मनाता है, क्योंकि वे 15 अगस्त, 1958 को पैदा हुए थे। पौड़ी गढ़वाल जिले के पिनानी गाँव से निकलकर उत्तराखंड के मुख्यमंत्री बनने तक 'निशंक' का सफर काफी चौंकानेवाला है। मुख्यमंत्री की शपथ लेने तक निशंक राज्य सरकार से मान्यता प्राप्त पत्रकार भी थे। 33 साल की उम्र में पहली बार वे तत्कालीन उत्तर प्रदेश विधानसभा के लिए कर्ण प्रयाग से तीन बार लगातर निर्वाचित हुए और 1997 की उत्तर प्रदेश सरकार ने उन्हें उत्तरांचल के विकास का जिम्मा दिया था। 2002 में उन्होंने चुनाव-क्षेत्र बदला और हार गए, मगर जिद्दी इतने कि अगला चुनाव भी 2007 में उसी नई विधानसभा क्षेत्र से लड़ा और धमाके से जीत दर्ज की। निशंक कवि भी हैं और राजनीति उनके लिए जीवन-मरण का प्रश्न नहीं है।

कम लोग जानते हैं कि निशंक के दर्जनों कविता-संग्रह, कई कहानी-संग्रह और उपन्यास प्रकाशित हो चुके हैं। उनकी एक कविता के लिए तत्कालीन राष्ट्रपति ज्ञानी जैल सिंह ने, दूसरी के

लिए तत्कालीन राष्ट्रपति डॉ. शंकरदयाल शर्मा ने और तीसरी के लिए ए.पी.जे. अब्दुल कलाम ने राष्ट्रपति भवन में उन्हें सम्मानित किया था। कोलंबो विश्वविद्यालय उन्हें डॉक्टरेट दे चुका है। कई यूरोपीय विश्वविद्यालय सम्मानित कर चुके हैं और कई विश्वविद्यालयों में उनके साहित्य पर पी-एच.डी. हो चुकी है या हो रही है। इनमें हॉलैंड विश्वविद्यालय भी शामिल है। देश-विदेश के अनेक विश्वविद्यालयों के पाठ्यक्रम में उनकी रचनाएँ शामिल की गई हैं। उनकी एक कविता की एक पंक्ति है—'आज अपनों में पराई सी रही है जिंदगी, मैं अनोखी दास्ता हूँ, कह रही है जिंदगी।' अपने एक भाषण में उन्होंने कहा था कि उत्तराखंड का विकास उनके लिए एक अधूरी कविता है और इसे वे सबके साथ मिलकर पूरा करना चाहते हैं। वे कविताएँ भी लिख रहे थे और फाइलों पर दस्तखत भी कर रहे थे और सबसे बड़ी बात यह है कि भारत में एक सपने देखनेवाला कवि एवं मंत्री मौजूद हैं, जो विकास को कविता से जोड़ रहा है।

□

महेंद्र सिंह धोनी

ऊँचे पहाड़ों के बीच बसा कुमाऊँ का सुदूर लवाली गाँव। ऊबड़-खाबड़ पगडंडियों पर मीलों पैदल चलकर ही यहाँ पहुँचा जा सकता है। गाँव की आबादी मुश्किल से दो सौ होगी। इस उजाड़ गाँव में न सड़क है, न स्कूल और न अस्पताल। लेकिन यह सब मैं क्यों बता रहा हूँ? उत्तराखंड में तो ऐसे बहुतेरे गाँव हैं। दरअसल लवाली आज एक बेहद खास गाँव बन गया है।

सालों पहले पान सिंह नौकरी के लिए यहाँ से राँची चले गए थे। ये पानसिंह कौन हैं? अब ज्यादा देर राज नहीं रखूँगा। पान सिंह विश्व क्रिकेट सितारे महेंद्र सिंह धोनी के पिता और लवाली भारतीय क्रिकेट टीम के कप्तान महेंद्र सिंह धोनी का पुश्तैनी गाँव है। इस लिहाज से धोनी उत्तराखंडी हैं, जिन पर सारे उत्तराखंडियों, विशेषकर लवाली ग्रामवासियों को बड़ा नाज है। लवाली में आज भी धोनी के चाचा-चाची और कुछ और संबंधी रहते हैं।

क्रिकेटर महेंद्र सिंह धोनी का जन्म 7 जुलाई, 1981 को बिहार के राँची (अब झारखंड) में हुआ। धोनी बड़े सौभाग्यशाली हैं। तीन राज्य के लोग उन्हें अपने यहाँ का कह सकते हैं। वैसे आज

वे विश्व के एक चर्चित व्यक्ति हैं। दुनिया भर के सच्चे क्रिकेट-प्रेमी स्वयं को उनसे जुड़ा पाते हैं। महेंद्र सिंह धोनी एक भरोसेमंद खिलाड़ी और सुयोग्य कप्तान हैं। उनके नेतृत्व में भारत 2011 का क्रिकेट विश्वविजेता बना।

धोनी को उनके उत्कृष्ट खेल के लिए कई प्रतिष्ठित पुरस्कार व सम्मान प्राप्त हुए हैं, जिनमें 2008 में आई.सी.सी. प्लेयर ऑफ द ईयर अवार्ड (प्रथम भारतीय खिलाड़ी, जिन्हें यह सम्मान मिला), राजीव गांधी खेल रत्न पुरस्कार और 2009 में भारत का चौथा सर्वोच्च नागरिक सम्मान 'पद्मश्री' शामिल है।

धोनी का क्रिकेट कॅरियर 1998/99 में आरंभ हुआ, जब उन्हें बिहार अंडर-19 क्रिकेट टीम में में शामिल किया गया। 2003/04 के सीजन में उन्हें भारतीय 'ए' टीम में जगह मिली। दिसंबर 2005 में भारतीय टेस्ट विकेट कीपर के रूप में दिनेश कार्तिक की जगह ली। भारत ने जनवरी/फरवरी 2006 में पाकिस्तान का दौरा किया और यहाँ धोनी ने फैसलाबाद में दूसरे टेस्ट में अपना पहला शतक बनाया। 2007 में धोनी टीम के कप्तान बने।

धोनी की एक बहन हैं जयंती और एक भाई हैं नरेंद्र। महेंद्र सिंह धोनी ने अपनी बचपन की दोस्त साक्षी सिंह रावत से 5 जुलाई, 2010 को शादी की।

□

वीरेन डंगवाल

वीरेन डंगवाल का जन्म 5 अगस्त, 1947 को कीर्तिनगर, टिहरी गढ़वाल में हुआ। उनकी शिक्षा सहारनपुर, बरेली, नैनीताल और इलाहाबाद में हुई। वीरेन 1971 से बरेली कॉलेज में हिंदी के प्रोफेसर हैं। बाईस साल की उम्र में उन्होंने पहली रचना, एक कविता लिखी और फिर देश की तमाम स्तरीय साहित्यिक पत्र-पत्रिकाओं में लगातार छपते रहे। विश्व-कविता से उन्होंने पाब्लो नेरूदा, बर्टोल्ट ब्रेख्त, वास्को पोपा, मीरोस्लाव होलुब, तदेऊश रोजेविच और नाजिम हिकमत के अपनी विशिष्ट शैली में कुछ दुर्लभ अनुवाद भी किए हैं। वीरेन डंगवाल के पहले कविता-संग्रह 'इसी दुनिया में' को रघुवीर सहाय स्मृति पुरस्कार (1992) तथा श्रीकांत वर्मा स्मृति पुरस्कार (1993) से नवाजा गया। दूसरा संकलन 'दुष्चक्र में सृष्टा' 2002 में आया और इसी वर्ष उन्हें 'शमशेर सम्मान' भी दिया गया। दूसरे ही संकलन के लिए उन्हें 2004 का साहित्य अकादमी पुरस्कार भी दिया गया।

□

डॉ. गंगाप्रसाद विमल

डॉ. गंगाप्रसाद विमल का जन्म 3 जून, 1939 को उत्तरकाशी में हुआ। डॉ. गंगाप्रसाद विमल हिंदी कवि, कथाकार, उपन्यासकार, अनुवादक के रूप में दुनिया भर में ख्याति प्राप्त रहे। कई सरकारी सेवाओं से जुड़े रहे। कई राष्ट्रीय एवं अंतरराष्ट्रीय पुरस्कारों से सम्मानित रहे। उनकी शिक्षा गढ़वाल, ऋषिकेश, इलाहाबाद, यमुनानगर एवं पंजाब में हुई। सन् 1963 में ही उन्होंने समर स्कूल ऑफ लिंग्विस्टिक, उस्मानिया विश्वविद्यालय, हैदराबाद में अध्यापन आरंभ किया। सन् 1965 में उन्हें डॉक्टर ऑफ फिलोसफी की डिग्री से सम्मानित किया गया।

डॉ. विमल ने 1961 से 1964 तक रिसर्च फेलो के रूप में पंजाब विश्वविद्यालय में कार्य किया। 1962 से 1964 तक हिंदी भाषा और साहित्य में पंजाब विश्वविद्यालय में रहकर अध्यापन किया। 1964 से 1989 तक जाकिर हुसैन कॉलेज, दिल्ली विश्वविद्यालय में तमाम शोधार्थियों के शोध-निर्देशक के तौर पर कार्यरत रहे। 1989 से 1997 तक मानव संसाधन विकास मंत्रालय, नई दिल्ली में केंद्रीय हिंदी निदेशालय (शिक्षा विभाग) में निर्देशक

के पद पर रहे। 1999 से लेकर 2004 तक भारतीय भाषा केंद्र, जवाहरलाल नेहरू विश्वविद्यालय में प्रवक्ता के पद पर अध्यापन किया।

डॉ. विमल की रुचि शुरू से ही रचनात्मक लेखन में रही। उनके रचना-संग्रह में सात कविता-संग्रह, चार उपन्यास, ग्यारह कहानी-संग्रह, अंग्रेजी में अनुवाद की पाँच पुस्तकें, गद्य में हिंदी अनुवाद की तीन पुस्तकें, आठ के करीब संपादित पुस्तकें, अन्य भाषाओं से अनूदित पुस्तकों में तकरीबन पंद्रह पुस्तकें, जिनमें काव्य, कथा और उपन्यास शामिल हैं।

उन्हें अनेक पुरस्कारों एवं सम्मानों से नवाजा गया। मुख्य रूप से पोएट्री पीपुल्स प्राइज (1978), रोम में आर्ट यूनिवर्सिटी द्वारा 1979 में पुरस्कृत, नेशनल म्यूजियम ऑफ लिटरेचर, सोफिया में गोल्ड मेडल (1979), बिहार सरकार द्वारा दिनकर पुरस्कार (1987), इंटरनेशनल ओपन स्कॉटिश पोएट्री प्राइज (1988), भारतीय भाषा पुरस्कार, भारतीय भाषा परिषद् पुरस्कार (1992), बुल्गारिया का यावरोव सम्मान, केरल का कुमारन आशान सम्मान।

□

रस्किन बॉण्ड

रस्किन बॉण्ड का जन्म 19 मई, 1934 को कसौली, हिमाचल प्रदेश में हुआ। उनका पैतृक निवास देहरादून है। रस्किन बॉण्ड एक भारतीय लेखक हैं। उनका बचपन शिमला, जामनगर, मसूरी, देहरादून तथा लंदन में बीता। उनकी रचनाओं में हिमालय की गोद में बसे छोटे शहरों के जनजीवन की छाप स्पष्ट है। 21 वर्ष की उम्र में ही उनका पहला उपन्यास 'द रूम ऑन रूफ' प्रकाशित हुआ। उपन्यास तथा बाल साहित्य के क्षेत्र में यह एक मशहूर नाम है। आजकल वे अपने परिवार के साथ देहरादून में रहते हैं।

उनकी कुछ रचनाओं पर फिल्में बनी हैं। अब तक लगभग 75 पुस्तकें प्रकाशित। अनेक भाषाओं में अनुवाद। साहित्य अकादमी पुरस्कार तथा अन्य पुरस्कारों के अलावा पद्मश्री (1999) से सम्मानित।

□

डॉ. खड्ग सिंह वल्दिया

डॉ. खड्ग सिंह वल्दिया का जन्म कलौ (म्याँमार), घंटाकरण, पिथौरागढ़ में हुआ। कभी नवनीत, धर्मयुग और साप्ताहिक हिंदुस्तान में विज्ञान विषयक लोकरंजक लेख लिखनेवाले डॉ. खड्ग सिंह वल्दिया भूविज्ञान एवं पर्यावरणविज्ञान पर अंग्रेजी में दस और हिंदी में चार पुस्तकों के रचयिता हैं। शांतिस्वरूप भटनागर पुरस्कार, पीतांबर पंत नेशनल इनवायरमेंट फेलो, नेशनल लैक्चरर, नेशनल मिनरल अवार्ड ऑफ एक्सलेंस, वाडिया मेडल, इंसा गोल्डन जुबिली प्रोफेसर, हिंदीसेवी सम्मान (आत्माराम पुरस्कार), पद्मश्री आदि सम्मानों से विभूषित प्रोफेसर वल्दिया भारत के तीन विज्ञान अकादमियों—थर्ड वर्ल्ड अकेडमी ऑफ साइंसेस, जियोलॉजिकल सोसाइटी ऑफ अमेरिका तथा नेपाल जियोलॉजिकल सोसाइटी के फेलो हैं। बनारस हिंदू विश्वविद्यालय तथा गोविंद बल्लभ पंत कृषि विश्वविद्यालय ने उन्हें डॉक्टरेट की मानद उपाधि से विभूषित किया है। 1977-78 में यू.जी.सी. द्वारा राष्ट्रीय प्रवक्ता सम्मान। राष्ट्रीय विज्ञान अकादमी द्वारा 'एस.के. मित्रा अवार्ड' और डी.एन. वाडिया मेडल। 1997 में भारत सरकार द्वारा 'नेशनल मिनरल अवार्ड एक्सीलेंस'। दो दर्जन

से अधिक विशेषज्ञों की राष्ट्रीय समितियों, परिषदों, कमेटियों के सदस्य हैं। 1983 में प्रधानमंत्री की वैज्ञानिक सलाहकार समिति के सदस्य और योजना आयोग की अनेक उप–समितियों के सदस्य रहे।

प्रो. वल्दिया लखनऊ विश्वविद्यालय, राजस्थान विश्वविद्यालय, वाडिया इंस्टीट्यूट ऑफ हिमालयन जियोलॉजी, कुमाऊँ विश्वविद्यालय तथा जवाहरलाल नेहरू सेंटर फॉर एडवांस्ड साइंटिफिक रिसर्च में विभिन्न पदों पर रहे हैं। आई.टी.आई. रुड़की तथा आई.टी.आई. मुंबई ने भी उन्हें दो वर्षों के लिए सम्मानित विजिटिंग प्रोफेसर के रूप में आमंत्रित किया।

□

सुधीर पांडे

सुधीर पांडे का जन्म 22 दिसंबर, 1953 को पाटिया, जिला अल्मोड़ा में हुआ। प्रख्यात रेडियो न्यूज रीडर स्वर्गीय देवकी नंदन पांडे का नाम आपने जरूर सुना होगा। सुधीर पांडे उन्हीं के सुपुत्र हैं। सुधीर पांडे टेलीविजन की दुनिया के एक ऐसे कलाकार हैं, जो धारावाहिक युग के शुरुआती दिनों से धारावाहिकों में अभिनय कर रहे हैं। पिछले 23 बरसों में हर वक्त किसी-न-किसी चैनल पर उनका कोई-न-कोई धारावाहिक चलता रहा है।

सुधीर पांडे ने बी.एस-सी. दिल्ली विश्वविद्यालय से की। इसके बाद अभिनय में स्नातक, फिल्म ऐंड टेलीविजन इंस्टीट्यूट, पूना से किया।

टेलीविजन पर 100 से भी अधिक प्रमुख धारावाहिकों में काम कर चुके सुधीर पांडे ने अपने बेहतरीन काम से अपनी जो पहचान बनाई है, वह किसी से छिपी नहीं है। ज्यादातर लोग समझते हैं कि सुधीर पांडे ने अपना कॅरियर 'बुनियाद' धारावाहिक से शुरू किया, जबकि ऐसा नहीं है, बुनियाद से पहले सुधीर ने 'वाह जनाब' और 'काला जल' जैसे धारावाहिक तो किए ही, साथ ही उससे पहले उन्होंने कई फीचर फिल्में भी कीं और रेडियो, टी.वी. और स्टेज

पर बहुत से नाटकों में काम किया।

सुधीर पांडे ने 100–125 फिल्में की हैं, जिनमें 'कॉलेज गर्ल', 'आहिस्ता–आहिस्ता', 'ये नजदीकियाँ', 'मैं आजाद हूँ', 'अंबा', 'बंजारन' और 'अग्निपथ' जैसे बहुत से नाम हैं। सुधीर पांडे ने चाइल्ड आर्टिस्ट के रूप में रेडियो पर काम किया, फिल्म डिवीजन की फिल्मों में कमेंटरी भी की।

□

धर्मेश तिवारी

महाभारत के कृपाचार्य धर्मेश तिवारी का जन्म 27 अप्रैल, 1951 को दिल्ली में हुआ। उनका पैतृक निवास दैरी, द्वाराहाट, जिला अल्मोड़ा है। वे फिल्म अभिनेता, निर्माता, निदेशक के रूप में कार्यरत हैं। उन्होंने कई धारावाहिकों व फिल्मों में काम किया और चर्चित हुए महाभारत के कृपाचार्य बनकर। उन्होंने फिल्म निर्देशन में भी हाथ आजमाया। वे मुंबई में सिने जगत् के कलाकारों की संस्था के सचिव भी हैं। उन्होंने रेडियो में कार्य किया। 1972 में मुंबई दूरदर्शन से जुड़े।

□

टॉम आल्टर

टॉम आल्टर का जन्म 22 जून, 1950 को मसूरी में हुआ। उनकी शिक्षा वुडस्टॉक स्कूल, मसूरी में हुई। टॉम ने 1972 में भारतीय फिल्म एवं टेलीविजन संस्थान, पुणे में अभिनय में दाखिला लिया और 1974 में स्वर्णपदक के साथ डिप्लोमा पूरा किया। 1974 से बंबई फिल्म जगत् के चर्चित अभिनेता बन गए। अब तक 200 फिल्मों व 80 टीवी सीरियलों में काम कर चुके हैं। इसके अतिरिक्त रंगमंच व लेखन में भी सक्रिय हैं।

टॉम की चर्चित फिल्मों में चरस, शतरंज के खिलाड़ी, चमेली, मेमसाब, क्रांति, देस-परदेश, सल्तनत, राम तेरी गंगा मैली, परिंदा, आशिकी, गुमराह, सरदार, सलीम लँगड़े पे मत रो व शहीद ऊधम सिंह शामिल हैं। टी.वी. सीरियल जुगलबंदी, भारत एक खोज, जुनून, जुबान सँभाल के, घुटन, साम्राज्य, नजदीकियाँ, दायरे, सहर, कैप्टन व्योम व तारा उल्लेखनीय हैं। टॉम द्वारा क्रिकेट पर लिखी पुस्तक पेंगुइन बुक्स द्वारा प्रकाशित। अनेक टी.वी. मैगजीनों और समाचार-पत्रों में खेल-स्तंभों में नियमित लेखन।

□

हिमांशु जोशी

हिंदी के अग्रणी कथाकार एवं पत्रकार हिमांशु जोशी का जन्म 4 मई, 1935 को जोस्यूड़ा, जिला चंपावत में हुआ। श्री जोशी 'साप्ताहिक हिंदुस्तान' और कोलकाता से प्रकाशित साहित्यिक मासिक पत्रिका 'वागर्थ' के संपादक रहे। उनकी कुछ प्रमुख रचनाएँ हैं—'अरण्य', 'महासागर', 'छाया मत छूना मन', 'कगार की आग', 'समय साक्षी है', 'तुम्हारे लिए', 'सु-राज' इत्यादि। श्री जोशी गत 40 वर्षों से लेखन तथा पत्रकारिता के क्षेत्र में सक्रिय हैं। वे लगभग 25 वर्ष तक 'साप्ताहिक हिंदुस्तान' में वरिष्ठ पत्रकार रहे। उन्होंने कई उपन्यास, कहानी-संग्रह, कविता-संग्रह, वैचारिक संस्मरण, यात्रा-वृत्तांत, जीवनियाँ, रेडियो नाटक, बाल कथा-कहानियाँ लिखीं। अनेक कहानियों एवं उपन्यासों का देश-विदेश की अनेक भाषाओं में अनुवाद हुआ है। 'अंतरराष्ट्रीय हिंदी लेखक मंच', दिल्ली के महासचिव, 'आथर्स गिल्ड ऑफ इंडिया' तथा 'फिल्म राइटर्स एसोसिएशन' के सदस्य। भारत सरकार के अनेक मंत्रालयों की हिंदी सलाहकार समितियों के सदस्य। दूरदर्शन तथा आकाशवाणी के लिए भी कार्य किया। अनेक कहानियों, उपन्यासों पर टीवी सीरियल व फिल्में बनीं।

अनेक देशों की यात्राएँ कीं। अनेक पुस्तकों को 'उत्तर प्रदेश हिंदी संस्थान' के पुरस्कार दो पुस्तकों पर हिंदी अकादमी दिल्ली का सम्मान, एक पुस्तक राजभाषा विभाग बिहार सरकार द्वारा पुरस्कृत तथा पत्रकारिता के लिए केंद्रीय हिंदी संस्थान (मानव संसाधन मंत्रालय) द्वारा स्व. गणेश शंकर विद्यार्थी पुरस्कार से सम्मानित।

□

गोपाल बाबू गोस्वामी

गोपाल बाबू गोस्वामी का जन्म 2 फरवरी, 1941 को अल्मोड़ा जनपद के पाली पछाऊँ तहसील, पट्टी गेवाड, चौखुटिया, ग्राम चाँदीकोट में हुआ। गोपाल बाबू का बचपन बड़ी कठिनाई से बीता। बचपन में ही पिता के देहावसान से परिवार की पूरी जिम्मेवारी उन पर आ गई। काम की तलाश में वे दिल्ली आ गए, लेकिन नौकरी नहीं मिली। निराश गोपाल 1970 में वापस गाँव आ लौटे और खेती करने लगे।

उनकी आवाज अच्छी थी, इसलिए सौभाग्य से उन्हें गीत और नाटक प्रभाग, नैनीताल में एक गायन कलाकार के रूप में चुन लिया गया। इसके बाद गोपाल ने पीछे मुड़कर नहीं देखा, बाद में वे लखनऊ आकाशवाणी के गायक बने। आकाशवाणी लखनऊ से उनका पहला प्रसारित गीत 'कैले बाजे मुरूली ओ बैणा⋯' बहुत लोकप्रिय हुआ। 1976 में गोपाल बाबू का पहला कैसेट एच.एम.वी. कंपनी से निकाला, जो बहुत चला। इसके बाद और अनेक कंपनियों के कैसेट निकले, जिनमें पॉलीडोर कैसेट कंपनी प्रमुख है। ऊँची पिच के सहज गायन के कारण उन्हें कुमाऊँ का चंचल भी कहा गया। उन्होंने कई गायिकाओं के साथ गीत गाए।

उन्होंने कुमाऊँनी भाषा की पहली फिल्म 'मेघा आ' में अभिनय किया और गीत भी गाए।

गोपाल बाबू गोस्वामी उत्तराखंड के एक बेजोड़ गायक रहे हैं। उन्होंने कुमाऊँनी व गढ़वाली दोनों भाषाओं में गाने गाए। अपने जमाने में उनकी छवि एक सुपरस्टार से कम न थी। सन् 1974 में गीत और नाटक प्रभाग ने संपूर्ण रामायण का निर्माण किया, जिसमें गोपाल बाबू ने रावण के गीत गाए, जिससे उन्हें बहुत ख्याति मिली। बाद में उन्हें ब्रेन ट्यूमर हो गया और उनका अखिल भारतीय आयुर्विज्ञान संस्थान, दिल्ली में ऑपरेशन भी हुआ, किंतु वे स्वस्थ न हो सके और 26 नवंबर, 1996 को 55 वर्ष की आयु में उनका देहांत हो गया।

□

जसपाल राणा

जसपाल राणा का जन्म 28 जून, 1976 को उत्तरकाशी में हुआ। उनका पैतृक निवास गाँव चिलामू, जिला टिहरी गढ़वाल है। उनकी शिक्षा मसूरी, कानपुर तथा दिल्ली में हुई। 1994 में उनका दूसरा जन्म शूटिंग की दुनिया में एक तारे के रूप में हुआ। 18 साल की उम्र से ही इस खिलाड़ी ने अंतरराष्ट्रीय स्तर पर मेडल बटोरना शुरू कर दिया था। 1995 आते-आते शूटिंग का यह तारा सूरज बन चुका था।

जिस उम्र में बच्चे स्कूल छोड़ते हैं, उस उम्र में जसपाल राणा 1994 में स्टैंडर्ड पिस्टल में वर्ल्ड रिकॉर्ड के साथ जूनियर वर्ल्ड चैंपियन बन चुके थे। इसी साल कॉमनवेल्थ खेलों में उन्होंने वह प्रदर्शन किया, जिसे दुनिया आज भी याद करती है। राणा ने दो गोल्ड एक सिल्वर और एक कांस्य जीता। हिरोशिमा एशियाड में वे नए वर्ल्ड रिकॉर्ड के साथ एक गोल्ड जीतने में कामयाब रहे और स्वर्णिम साल को यादगार तारीख से खत्म किया।

जसपाल राणा एक जबर्दस्त यात्रा की शुरुआत कर चुके थे। 1995 के कॉमनवेल्थ शूटिंग चैंपियनशिप में 8 गोल्ड जीतकर उन्होंने नया रिकॉर्ड बनाया। यह सच है कि राज्यवर्धन राठौर और

अभिनव बिंद्रा ने ओलंपिक में भारतीय शूटिंग का इतिहास रचा, लेकिन अगर कहें कि जसपाल राणा ने इस भरोसे की नींव रखी तो गलत नहीं होगा।

उन्हें निशानेबाजी में अनेक राष्ट्रीय तथा अंतरराष्ट्रीय पुरस्कार मिले हैं, जिनमें प्रमुख हैं—अर्जुन पुरस्कार (1994), यश भारती पुरस्कार (1994), बिड़ला फाउंडेशन पुरस्कार (1994), वर्ष 1995-96 के लिए अंतरराष्ट्रीय ओलंपिक समिति की ओर से छात्रवृत्ति, इंदिरा गांधी प्रियदर्शिनी पुरस्कार, राजधानी रत्न पुरस्कार, दून गौरव पुरस्कार, इंडियन शूटिंग स्वैक की सदस्यता।

□

बछेंद्री पाल

बछेंद्री पाल का जन्म उत्तराखंड के चमोली जिले के बंपा गाँव में 24 मई, 1954 को हुआ। पिता पढ़ाई का खर्च नहीं उठा सकते थे, अतः बछेंद्री को आठवीं से आगे की पढ़ाई का खर्च सिलाई-कढ़ाई करके जुटाना पड़ा। विषम परिस्थितियों के बावजूद बछेंद्री ने संस्कृत में एम.ए. और फिर बी.एड. की शिक्षा हासिल की। बछेंद्री को पहाड़ों पर चढ़ने का शौक बचपन से ही था। उनका परिवार कभी पहाड़ की ऊँचाई पर, तो कभी तराई में बसे एक गाँव में जीवन बिताता था। जब वे तराई वाले गाँव में आ जाते तो बछेंद्री को स्कूल जाने के लिए पाँच-छह मील की चढ़ाई चढ़नी और उतरनी पड़ती थी। पढ़ाई पूरी करके वे एवरेस्ट अभियान दल में शामिल हो गईं। ट्रेनिंग के दौरान वे 7,500 मीटर ऊँची मान चोटी पर सफलतापूर्वक चढ़ीं। कई महीनों के अभ्यास के बाद आखिर वह दिन आ ही गया, जब उन्होंने एवरेस्ट विजय के लिए प्रयाण किया और 1984 में एवरेस्ट पर चढ़नेवाली प्रथम भारतीय महिला बनीं। 1993 में उन्होंने एवरेस्ट अभियान का सफल नेतृत्व किया। 1997 में ट्रांस हिमालय यात्रा (5000 किलोमीटर) का सफल नेतृत्व किया।

□

देविका चौहान

जौनसारी जनजाति की देविका चौहान पूरे जौनसार बावर क्षेत्र की प्रथम महिला हैं, जिन्होंने विज्ञान में स्नातक की डिग्री प्राप्त की थी। इसके बाद वे राजकीय सेवा में आईं और महिला उत्थान और बाल विकास के लिए उन्होंने कई महत्त्वपूर्ण काम किए। एक समाज-सेविका के रूप में उनके अनुकरणीय कामों को देखते हुए राज्य व केंद्र सरकार ने उन्हें कई बार सम्मानित किया। जौनसार बावर मसूरी के 15 किलोमीटर दूर चकराता तहसील में देहरादून जिले का एक गाँव है। यह स्थान जौनसारी जनजाति का मूल स्थान है।

□

शिवानी

हिंदी भाषा की उपन्यासकार शिवानी (मूल नाम गौरा पंत) का जन्म 17 अक्तूबर, 1923 को गुजरात के राजकोट शहर में हुआ। उनका पैतृक निवास उत्तराखंड का कुमाऊँ क्षेत्र है। साठ और सत्तर के दशक में उनकी लिखी कहानियाँ और उपन्यास हिंदी पाठकों के बीच अत्यधिक लोकप्रिय हुए तथा आज भी लोग उन्हें बहुत चाव से पढ़ते हैं। इनके लेखन में भावों का सुंदर चित्रण, भाषा की सादगी तो होती ही है, साथ ही पहाड़, वहाँ के भोलेभाले लोग और वहाँ की संस्कृति का जीता-जागता वर्णन होता है। उनके शब्दों में—"मेरा लेखन कोई कल्पना की उड़ान नहीं, यह सच्चाई से जुड़ा है।"

उन्होंने 1935 से 1943 के मध्य शांति निकेतन में अध्ययन किया और 1953 में कलकत्ता से स्नातक की उपाधि प्राप्त की। उन्हें गुजराती, बंगाली, संस्कृत, अंग्रेजी और उर्दू का भी अच्छा ज्ञान था।

उनकी कुछ चर्चित रचनाएँ हैं—पूतोंवाली, झरोखा, चल खुसरो घर आपने, वातायन, एक थी रामरति, मेरा भाई पथ्या, जालक, अमादेर शांति निकेतन, मानिक, श्मशान चंपा, सुरंगमा,

मायापुरी, कैंजा, भैरवी, गैंदा, कृष्णावेणी, स्वयं सिद्धा, करिया छिमा (माफ कीजिए), उप्रेति, चिर स्वयंवरा, विषकन्या, कस्तूरी मृग, अपराधिनी, रथ्या, चौदह फेरे, रति विलाप इत्यादि। शिवानी का निधन 21 मार्च, 2003 को दिल्ली में हुआ।

□

टिंचरी माई उर्फ इच्छागिरि माई

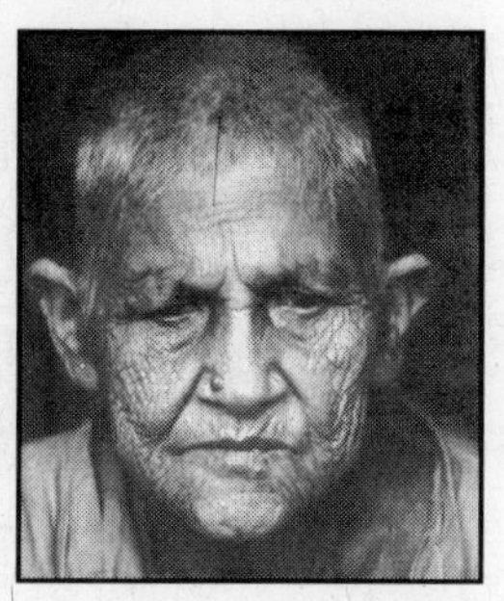

शिक्षा, मद्य निषेध तथा अनेक सामाजिक गतिविधियों से संबद्ध टिंचरीमाई उत्तराखंड की एक सुपरिचित महिला थीं। पौड़ी गढ़वाल के थलीसैंण क्षेत्र के मंज्यूर गाँव के रामदत्त नौटियाल के घर जनमी नन्ही दीपा की जीवन-यात्रा उत्तराखंड की नारी के उत्पीड़न, सामाजिक कुरीतियों तथा विसंगतियों के विरुद्ध लड़ी गई लड़ाई और साहस का अनुकरणीय उदाहरण है। बीसवीं सदी के आरंभ में जनमी दीपा दो वर्ष में ही मातृविहीन हो गई और पाँच वर्ष की आयु में पिता का साया भी सिर से उठ गया। गाँव के रिश्ते के चाचा ने ही नन्ही अनाथ दीपा का पालन-पोषण किया। सात वर्ष में माई का विवाह गंवाणी गाँव के सत्रह साल बड़े हवलदार गणेश राम से हुआ। लड़ाई में गणेश राम मारे गए।

मायके से असहाय, ससुराल से तिरस्कृत माई लाहौर चली गई, वहाँ एक विदुषी, सुसंकृत संन्यासिनी से माई ने दीक्षा ली और दीपा से इच्छागिरि माई बन गईं तथा देहरादून स्थित उत्तराखंड शहीद स्मारक लौटकर नौ माह काली मंदिर चंडीघाट में रहीं। वहाँ पर पानी का बहुत अभाव था, महिलाओं को बहुत दूर से पानी लाना पड़ता

था। माई को यह सहन नहीं हुआ, वे अधिकारियों से मिलीं, डिप्टी कलेक्टर से मिली, किंतु कुछ नहीं हुआ। माई दिल्ली पहुँच गईं और जवाहरलाल नेहरू की कोठी के फाटक पर धरना देकर बैठ गईं।

नेहरूजी जब कार्यालय जा रहे थे, तो माई उनकी गाड़ी के सामने खड़ी हो गईं। पुलिसवाले उन्हें खींचकर हटाने लगे, नेहरूजी गाड़ी से नीचे उतरे और माई ने गाँव की बहू-बेटियों की विपदा बाबा को सुना दी। माई ने नेहरूजी का हाथ पकड़ लिया और पूछा, 'बोल बाबा, पानी देगा या नहीं?' नेहरूजी बोले, 'जल्दी ही पानी मिल जाएगा।' पानी मिल गया।

कोटद्वार में भी पानी का सदा अभाव रहा है। माई इसके लिए स्वयं लखनऊ गईं और सचिवालय के सामने भूख-हड़ताल पर बैठ गईं। मुख्यमंत्री से सुनवाई हुई और पेयजल की व्यवस्था हो गई।

पौड़ी में व्यापारी मित्तल की टिंचरी (शराब) की दुकान थी, जहाँ पर एक आदमी टिंचरी पीकर लडखड़ाता हुआ महिलाओं की ओर अभद्रता से इशारे करने लगा और फिर अचेत होकर नाली में गिर गया। गुस्से से काँपती माई डिप्टी कमिश्नर के बँगले पर पहुँचीं। कमिश्नर साहब कुछ लिख रहे थे, वे माई को जानते थे। उन्होंने माई से बैठने को कहा, किंतु क्रोधित माई ने कमिश्नर का हाथ पकड़ा और बोली, 'तू यहाँ बैठा है, चल मेरे साथ, देख तेरे राज में क्या अनर्थ हो रहा है।'

माई के क्रोध को देखकर सहमे कमिश्नर ने जीप मँगवाई और वहाँ जा पहुँचे, जहाँ वह शराबी खून से सना पड़ा था। माई बोली, 'देख लिया तूने, क्या हो रहा है तेरी नाक के नीचे, लेकिन तू कुछ नहीं कर पाएगा। तू जा और सुन, मैं यह तमाशा नहीं होने दूँगी। आग लगा दूँगी इस दुकान में। मुझे जेल भेज देना। मैं जान दे दूँगी,

पर टिंचरी नहीं बिकने दूँगी।' डिप्टी कमिश्नर वापस चले गए।

माई मिट्टी का तेल और माचिस की डिबिया लाई और बंद दरवाजा तोड़कर अंदर चली गई, टिंचरी पी रहे लोग भाग खड़े हुए। भीड़ जुटने लगी। काली का रूप धारण किए माई ने दुकान में आग लगा दी। दुकान जलकर स्वाहा हो गई। माई को बड़ी शांति मिली, मगर माई भागी नहीं। डिप्टी कमिश्नर के बँगले पर स्वयं पहुँच गई और बोली, 'टिंचरी की दुकान फूँक आई हूँ, अब मुझे जेल भेजना है तो भेज दे।'

दिन भर कमिश्नर ने माई को अपने बँगले पर बिठाकर रखा और शाम को अपनी जीप में बिठाकर लैंसडाउन भेज दिया। सब जगह खबर फैल गई, माई ने गजब कर दिया। इस घटना की व्यापक प्रतिक्रिया हुई, महिलाएँ अत्यंत हर्षित हुईं, भले ही शराबी क्षुब्ध हुए हों। तब से इच्छागिरि माई 'टिंचरी माई' के नाम से विख्यात हो गईं। नशे के खिलाफ उनका अभियान लगातार जारी रहा।

वे आत्म-प्रचार से सदैव दूर रहती थीं। वात्सल्यपूर्ण हृदय, निःस्पृह, परदुःखकातर, तपस्विनी, कर्मनिष्ठ, समाज-सेवी माई जितने गुस्सैल स्वभाव की थीं, उतनी ही संवेदनशील भी। राजनीतिक लोगों की स्वार्थलोलुपता से वे हमेशा दुःखी रहीं, क्षुब्ध होती रहीं। वे बड़ी स्वाभिमानी थीं, दानस्वरूप किसी से कभी भी कुछ नहीं लेती थीं। कहीं जातीं तो केवल भोजन ही करती थीं। वे स्वयं दानशीला थीं शिक्षा, मद्यनिषेध एवं परमार्थ के लिए माई के कार्य अविस्मरणीय हैं। 80 वर्ष से कुछ अधिक आयु में 19 जून, 1992 को माई की दैहिक लीला समाप्त हुई।

□

कलावती रावत

कलावती रावत का जन्म वर्ष 1948 में कलेंड, पोखरी, चमोली में हुआ। प्राथमिक शाला तक शिक्षित कलावती रावत 'चिपको आंदोलन' की जननी दशौली ग्राम स्वराज्य मंडल की सक्रिय सदस्य हैं। उन्होंने बछेर गाँव में बिजली की सुविधा के लिए महिलाओं को संगठित किया। वे महिला मंगल दल की अध्यक्षा हैं। हिंदूकुश हिमालयी महिला संगठन 'हिमवंती' की उत्तराखंड क्षेत्र की संयोजिका हैं। जल, जंगल और जमीन जैसे प्राकृतिक संसाधनों के संरक्षण तथा विवेकपूर्ण दोहन के लिए चल रहे विभिन्न आंदोलनों में वे सक्रिय भूमिका निभाती हैं। वे पर्यावरण संरक्षण, ग्रामीण विकास, स्त्री संगठन के लिए कार्यरत हैं।

उन्हें उनके उल्लेखनीय सामाजिक कार्यों के लिए विश्व महिला शीर्ष सम्मेलन निधि, जेनेवा के 'ग्राम्य जीवन में रचनात्मक पुरस्कार' से सम्मानित किया गया है।

□

संग्रामी देवी राणा

'वर्ल्ड वुमैन 1999' का सम्मान पानेवाली विश्व की 34वीं और भारत की 5 महिलाओं में एक संग्रामी देवी राणा का जन्म जखोला, चमोली में हुआ। उनका पैतृक निवास गाँव तिरोसी, जिला चमोली है। संग्रामी देवी अधिक पढ़ी-लिखी नहीं हैं, लेकिन पर्यावरण और कृषि विकास आदि की उन्हें अच्छी समझ है। उन्होंने महिला मंगल दलों के सहयोग से पर्यावरण के प्रति जागरूकता, गाँव में बिजली, पानी, शिक्षा, यातायात, सड़क व पैदल मार्ग, बाढ़ से बचाव एवं राहत कार्य, उजड़े गाँव को हरा-भरा बनाना तथा स्थानीय अर्थव्यवस्था को मजबूत करने की दिशा में उल्लेखनीय कार्य किए हैं।

□

डॉ. हर्षवंती बिष्ट

पर्वतारोही हर्षवंती बिष्ट का जन्म 10 नवंबर, 1954 को इलाहाबाद में हुआ। उनका पैतृक निवास गाँव सुकई, जिला पौड़ी है। उन्होंने गढ़वाल विश्वविद्यालय से पी-एच. डी. की। इसके बाद पर्वतारोहण के बेसिक व एडवांस्ड कोर्स, नेहरू पर्वतारोहण संस्थान, उत्तरकाशी से पूरे किए। उनकी उपलब्धियों में शामिल हैं—नंदादेवी शिखर आरोहण 1981, एवरेस्ट अभियान 1984 में हिस्सेदारी, अर्जुन पुरस्कार 1981 तथा 1984 में उत्तर प्रदेश उच्च शिक्षा निदेशालय का स्वर्ण पदक, गढ़वाल हिमालय में पर्यटन विकास एवं पर्यावरण पर स्व. सुनील चंद्र फेलोशिप (2000), 1993 में फेलो ऑफ रॉयल जियोग्राफिकल सोसाइटी। सन् 1994 में गंगोत्तरी क्षेत्र में 11,700 फीट की ऊँचाई पर भोजपत्र की नर्सरी विकसित की और भोजपत्र वनीकरण का कार्य किया। पर्यावरणीय चेतना के प्रसार हेतु विशेष अभियान किया।

डॉ. हर्षवंती बिष्ट एवरेस्ट के बेस कैंप तक पहुँची, लेकिन वे चोटी फतह नहीं कर सकीं। अर्जुन पुरस्कार विजेता डॉ. हर्षवंती बिष्ट को तो आज भी इसका दुःख है कि वे एवरेस्ट तक नहीं चढ़ सकीं।

□

चंद्रप्रभा एतवाल

चंद्रप्रभा एतवाल पर्वतारोहण के क्षेत्र में एक बड़ा नाम है। उन्होंने तीन एवरेस्ट अभियान सफलतापूर्वक पूरे किए हैं। उन्हें अजुर्न अवार्ड और पद्‍मश्री से भी नवाजा जा चुका है।

चंद्रप्रभा का जन्म 24 दिसंबर, 1941 को जन्म धारचूला, जिला पिथौरागढ़ में हुआ। उन्होंने 1981 में नंदा देवी शिखर का सफल आरोहण किया। 1966 से 86 तक वे अध्यापन से जुड़ी रहीं। 1986 से ऑफिसर ऑन स्पेशल ड्यूटी (एडवेंचर) उत्तरकाशी रहीं। नेहरू इंस्टीट्यूट ऑफ माउंटेनियरिंग, उत्तरकाशी में 1972 में बेसिक और 1975 में एडवांस माउंटेयरिंग कोर्स किया और 1978–83 तक यहाँ प्रशिक्षक भी रहीं। 1984 के एवरेस्ट अभियान दल की सदस्य रहीं और 27,750 फीट तक पहुँचीं।

□

उनीता सच्चिदानंदन

उनीता सच्चिदानंदन का जन्म 5 दिसंबर, 1959 को बग्याली, जिला पौड़ी में हुआ। उन्होंने गाँव में पढ़ाई के बाद जवाहरलाल नेहरू विश्वविद्यालय, दिल्ली से एम.फिल., पी-एच.डी. की। दिल्ली विश्वविद्यालय में जापानी भाषा एवं साहित्य में प्राध्यापिका रहीं। 1990-92 तक जापान सरकार की छात्रवृत्ति पर शोध अध्ययन किया। 1999 में जापान फाउंडेशन फेलोशिप के अंतर्गत महिला साहित्य पर शोध किया। अनेक शोध लेख विभिन्न पत्रिकाओं में प्रकाशित। कई पुस्तकों का जापानी से हिंदी में अनुवाद।

□

पूर्णिमा पांडे

पूर्णिमा पांडे का जन्म अल्मोड़ा में हुआ। उनका पैतृक निवास झिजाड़, जिला अल्मोड़ा है। बी.ए., बी.एड., पी-एच.डी. कत्थक नृत्यांगना पूर्णिमा पांडे ने 1971 में कनाडा अंतरराष्ट्रीय ट्रेड फेयर में कलाकार के रूप में भारत का प्रतिनिधित्व किया। कथक नृत्यांगना के रूप में कनाडा, अमेरिका, जर्मनी, फ्रांस, दक्षिण अमेरिका, सूरीनाम, गयाना, श्रीलंका आदि देशों में भारत का प्रतिनिधित्व किया। सातवें विश्व सम्मेलन पारामारिबो, सूरीनाम में भारत का प्रतिनिधित्व किया। पूर्णिमा पांडे को कई पुरस्कार व सम्मान प्राप्त हुए हैं, जिनमें उत्तर प्रदेश राज्य संगीत नाटक अकादमी पुरस्कार, रोटरी क्लब लखनऊ द्वारा सम्मान शामिल हैं।

□

रीना सजवाण

रीना सजवाण का जन्म 3 नवंबर, 1984 को रानीपोखरी, देहरादून में हुआ। उनका पैतृक निवास खाँकर, जिला टिहरी गढ़वाल है। उनकी शिक्षा देहरादून में हुई। स्कूली जीवन में ही वे स्काउटिंग से जुड़ गईं। वर्ष 1998 में उन्हें उत्तर प्रदेश के तत्कालीन राज्यपाल श्री सूरजभान द्वारा स्काउटिंग का 'राज्य पुरस्कार' प्रदान किया गया। 4 जून, 2002 को उन्हें राष्ट्रपति द्वारा 'राष्ट्रपति गाइड पुरस्कार' से सम्मानित किया गया। राष्ट्रकुल खेल 2002 में अंतरराष्ट्रीय कैंप के लिए उनका चयन हुआ।

□

सुषमा राणा

सुषमा राणा का जन्म 22 सितंबर, 1979 को मसूरी में हुआ। उनका पैतृक निवास गाँव चिलामू, जिला टिहरी गढ़वाल है। उनकी पढ़ाई दिल्ली में हुई। वे अंतरराष्ट्रीय स्तर की शूटर हैं। शूटिंग में कई राष्ट्रीय व अंतरराष्ट्रीय कीर्तिमान उनके नाम हैं। इस स्पर्धा में अब तक उन्हें 10 से अधिक स्वर्ण, रजत और कांस्य पदक प्राप्त हो चुके हैं।

□□□